This Book Belongs To:

Lake and Mountain Series

www.LetMeShowYouHowToDoThat.com, PO Box 153, Ozona, FL 34660

Life is BETTER at the LAKE

Life is BETTER at the LAKE

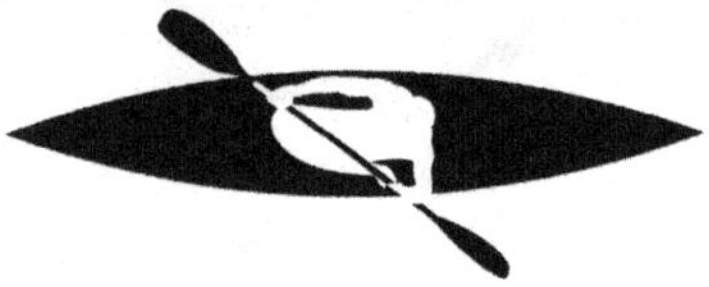

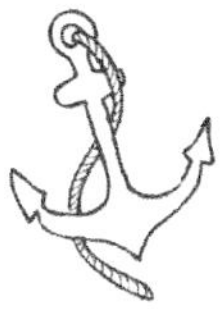

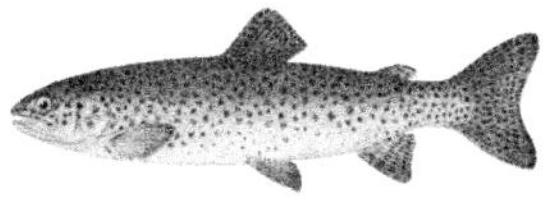

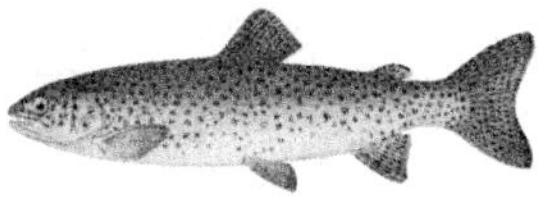

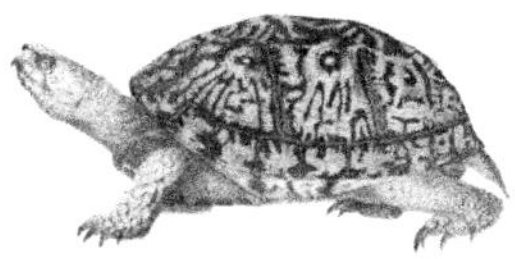

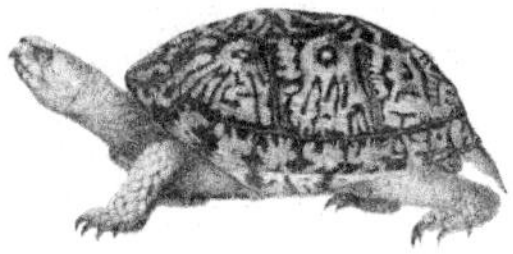

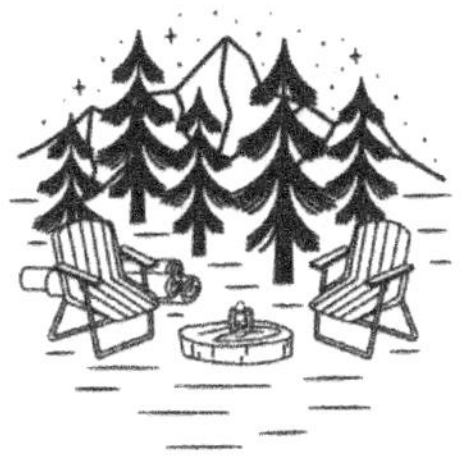

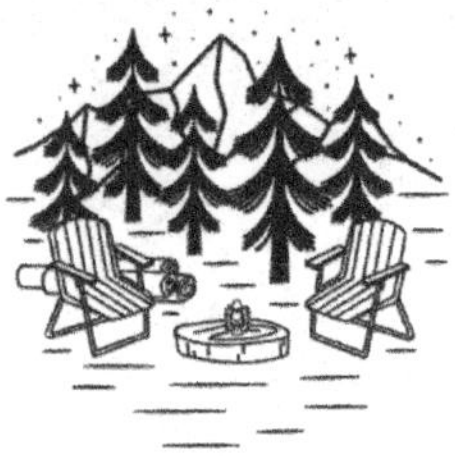

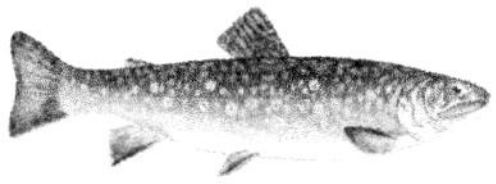

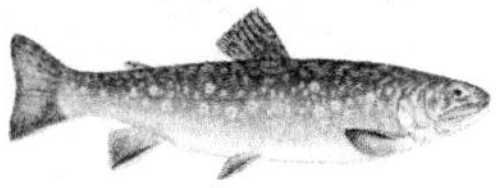

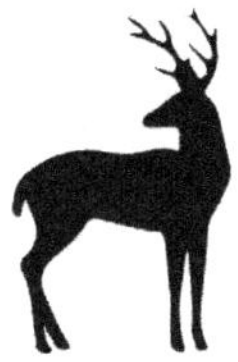

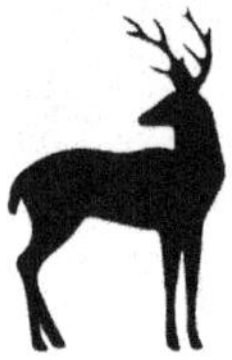

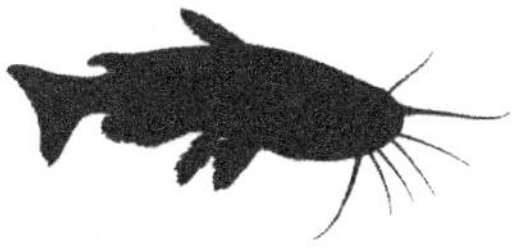

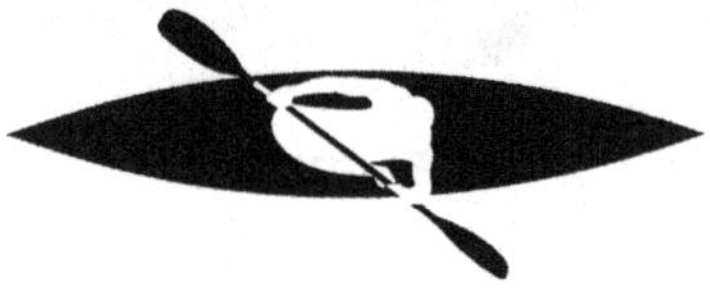

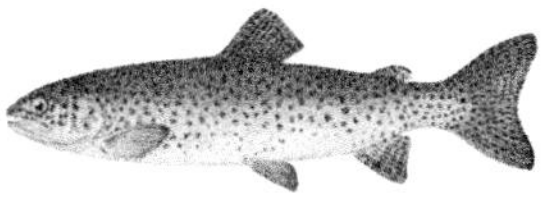

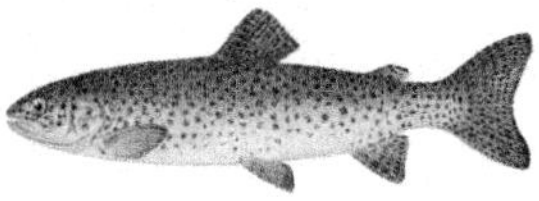

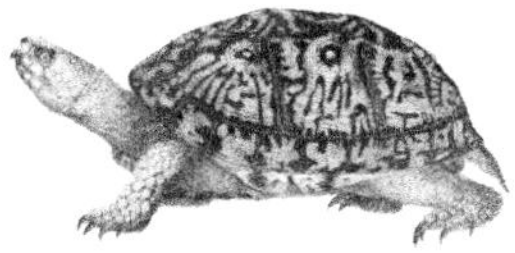

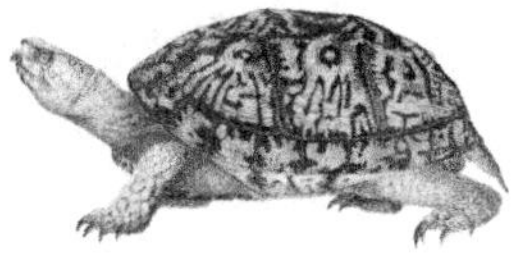

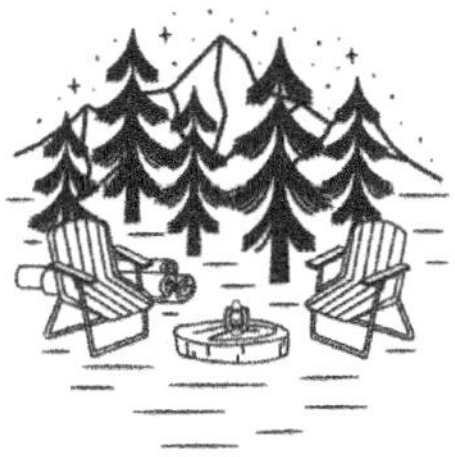

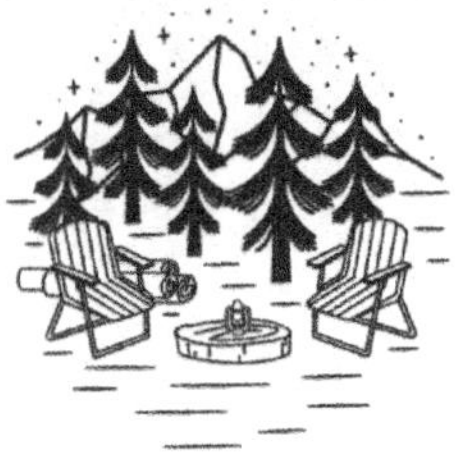

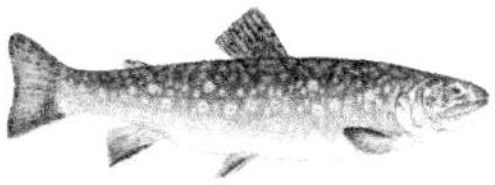

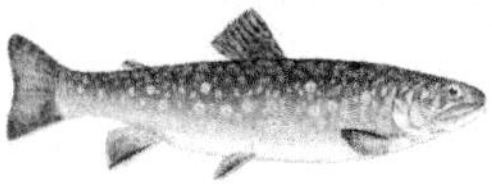

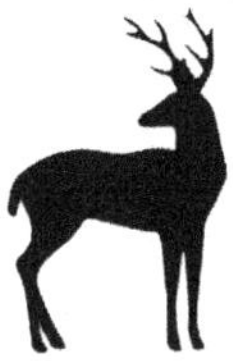

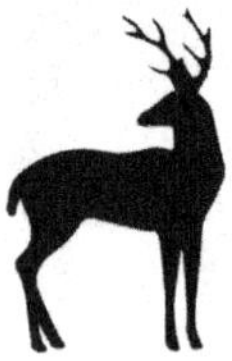

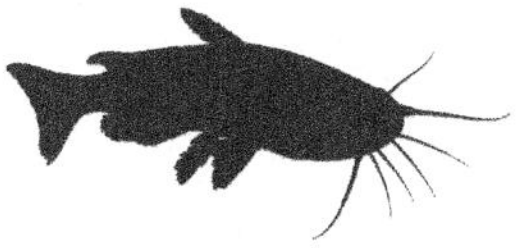

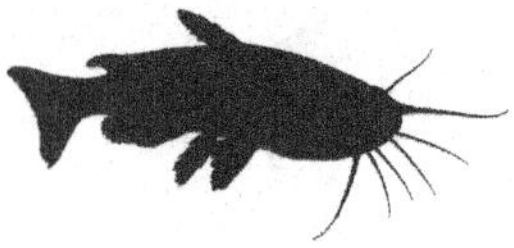

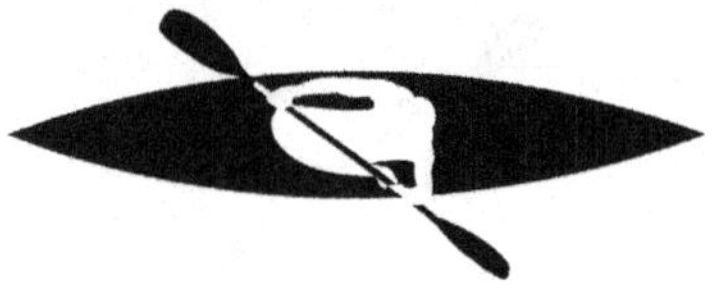

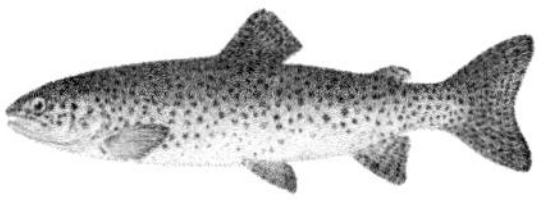

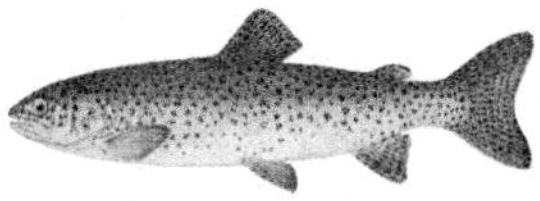

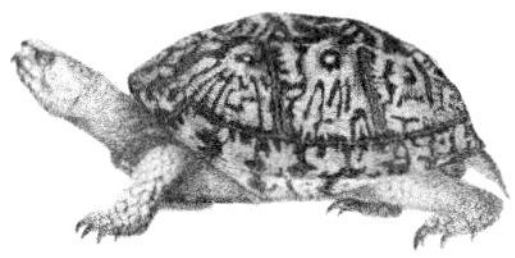

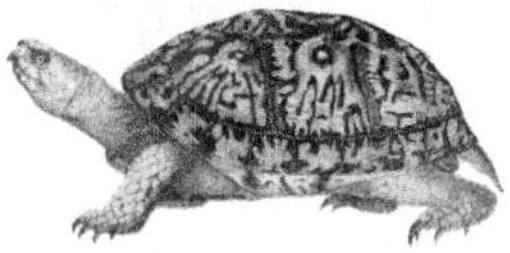

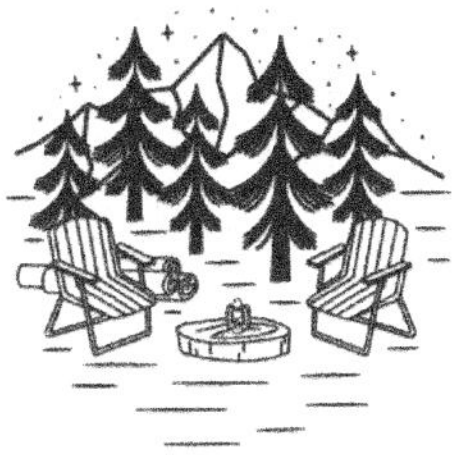

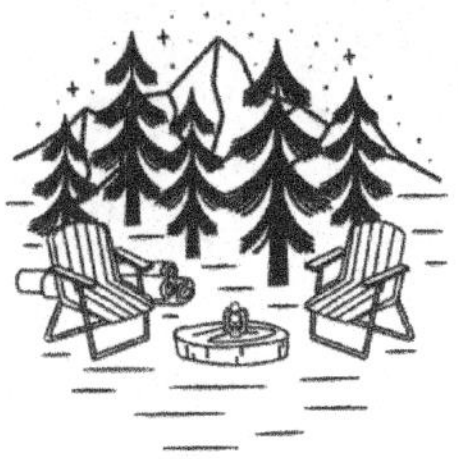

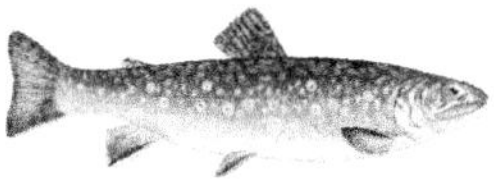

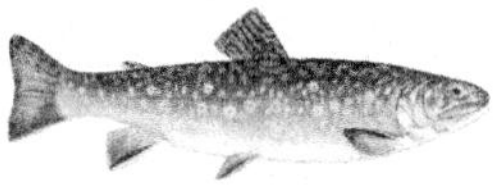

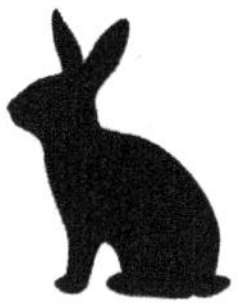

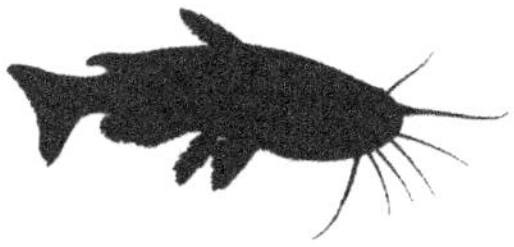

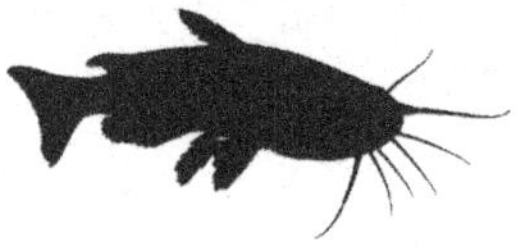

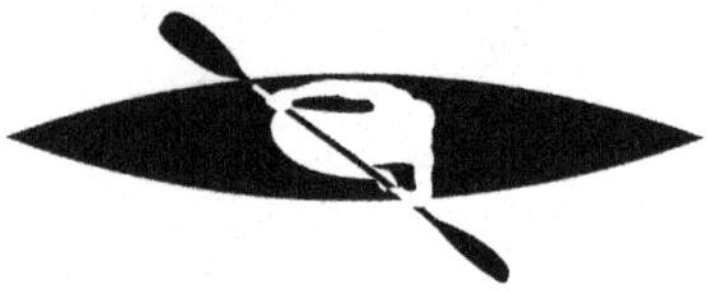

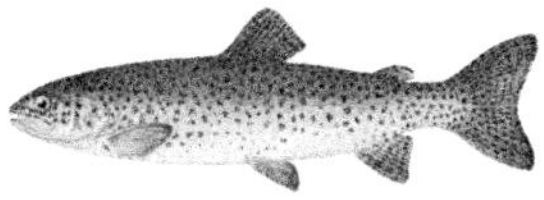

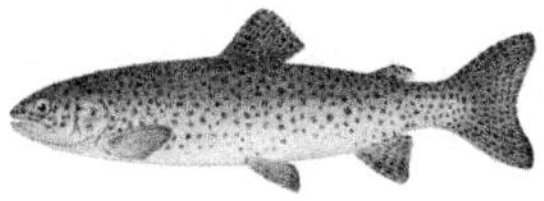

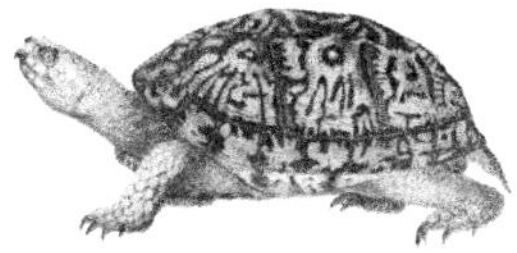

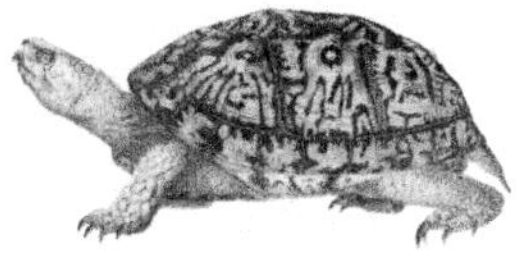

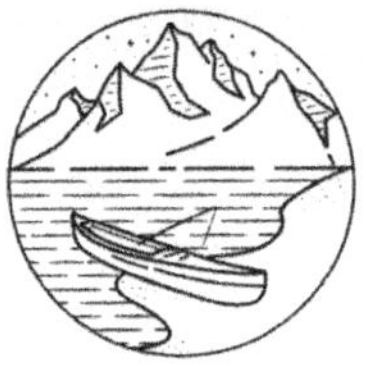

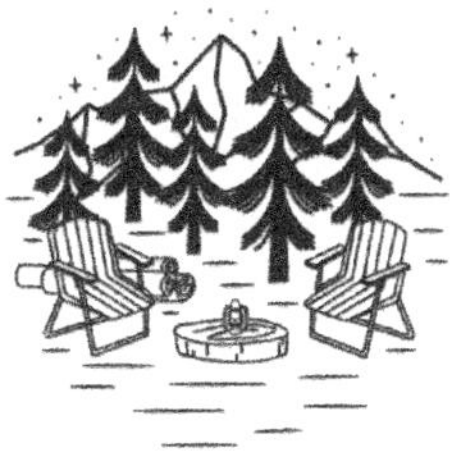

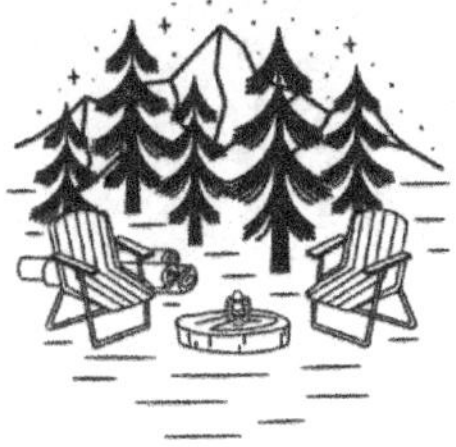

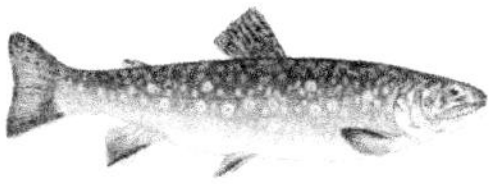

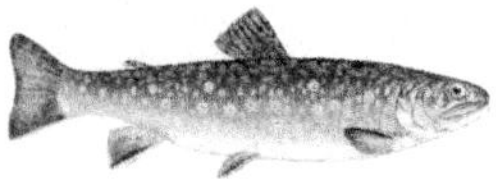

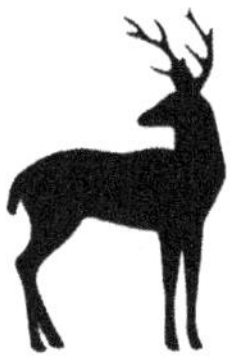

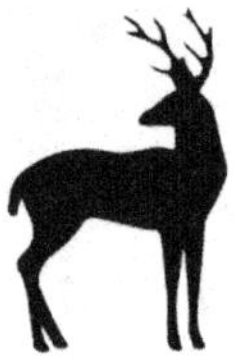

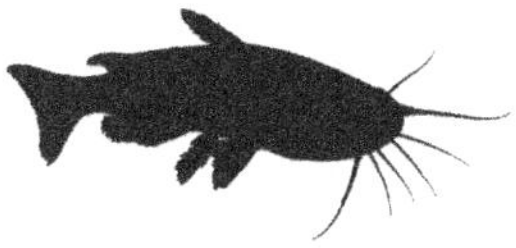

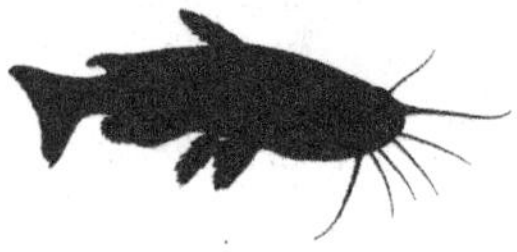

Made in the USA
Monee, IL
21 August 2021

76231275R00063